школа - ilé-ìwé	2
падарожжа - ìrìn àjò	5
транспарт - ọkọ̀	8
горад - ìlú	10
краявід - ẹlẹ́bùú	14
рэстаран - ilé oúnjẹ	17
супермаркет - ibi ìtajà	20
напоі - ohun mímu	22
ежа - oúnjẹ	23
сядзіба - oko	27
дом - ilé	31
жылы пакой - yàrá ìgbé	33
кухня - ilé ìdáná	35
ванная - ilé ìwẹ̀	38
дзіцячы пакой - yàrá ọmọdé	42
адзенне - aṣọ	44
офіс - ọfisi	49
эканоміка - ọrọ̀ ajé	51
прафесіі - àwọn iṣẹ́ àáyò	53
інструменты - àwọn irinṣẹ́	56
музычныя інструменты - àwọn irinṣẹ́ orin	57
заапарк - ibi ẹranko	59
спорт - àwọn eré ìdárayá	62
дзейнасць - àwọn iṣẹ́	63
сям'я - ẹbí	67
цела - ara	68
шпіталь - ilé ìwòsàn	72
экстраная дапамога - pàjáwìrì	76
Зямля - Ayé	77
гадзіннік - aago	79
тыдзень - ọ̀sẹ̀	80
год - ọdún	81
формы - àwọn ìrísí	83
колеры - àwọn àwọ̀	84
супрацьлегласці - òdì	85
лічбы - nọ́mbà	88
мовы - àwọn èdè	90
хто / што / як - tani / kínni / báwo	91
дзе - níbo	92

Impressum
Verlag: BABADADA GmbH, Nedderfeld 112 , 22529 Hamburg
Geschäftsführer / Verlagsleitung: Harald Hof
Druck: Books on Demand GmbH, In de Tarpen 42, 22848 Norderstedt

Imprint
Publisher: BABADADA GmbH, Nedderfeld 112 , 22529 Hamburg, Germany
Managing Director / Publishing direction: Harald Hof
Print: Books on Demand GmbH, In de Tarpen 42, 22848 Norderstedt

школа
ilé-ìwé

ранец

òrá

пенал

àpò pẹnsuru

просты аловак

pẹnsuru

тачылка для алоўкаў

olùgbẹ́ pẹnsuru

гумка

rọ́bà

альбом для малявання

bọ́tìnnì yíyàwòrán

малюнак
yíyàròwán

пэндзлік
buroṣi o̞dà

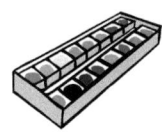
фарбы
àpótí o̞dà

нажніцы
sisọsi

клей
gúlù

сшытак
ìwé iṣẹ́

хатняе заданне
iṣẹ́ àmúrelé

лік
nọ́mbà

дадаваць
àfikún

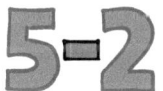
адымаць
àyokúrò

множыць
ìsọdipúpọ̀

лічыць
ṣírò

літара
lẹ́tà

алфавіт
alábídí

слова
ọ̀rọ̀ síso̩

школа - ilé-ìwé

тэкст
ọrọ kíkọ

чытаць
kàwé

крэйда
ṣọọ̀kì

ўрок
ìkẹ́kọ̀ọ́

класны журнал
forúkọsílẹ̀

экзамен
ìdánwo

атэстат
ìwé-ẹ̀rí

школьная форма
aṣọ ilé-ìwé

адукацыя
ẹ̀kọ́

энцыклапедыя
ìwé ìmọ̀

універсітэт
yunifasiti

мікраскоп
ẹ̀rọ gbohùngbohùn

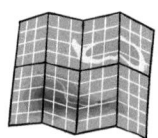

карта
àwòrán àgbáyé

смеццевы кошык
agbọ̀n ìdalẹ̀nù

школа - ilé-ìwé

падарожжа
ìrìn àjò

гатэль
ilé ìtura

хостэл
ibùgbé akẹ́kọ̀ọ́

абменны пункт
ibi ìpàrọ̀ owó

чамадан
àpótí owó

аўтамабіль
ọkọ̀ ayọ́kẹ́lẹ́

мова
èdè

так / не
bẹ́ẹ̀ni / bẹ́ẹ̀kọ́

добра
Ó dára

прывітанне!
ẹ pẹ̀lẹ́

перакладчык
olùtúmọ̀ èdè

дзякуй
O ṣeun

падарожжа - ìrìn àjò

Колькі каштуе....?
èló ni... ?

я не разумею
Kò yé mi

праблема
ìṣòro

Добры вечар!
Ẹ káalẹ́!

Добрай раніцы!
Ẹ kaarọ!

Дабранач!
Ẹ káalẹ́!

да пабачэння
ódìgbà

кірунак
ìtọ́ni

багаж
ẹrù-ẹni

сумка
báàgì

заплечнік
àpò ẹ̀yìn

госць
àlejò

пакой
yàrá

спальны мяшок
báàgì ibùsùn

палатка
àgọ́

падарожжа - ìrìn àjò

інфармацыя для турыстаў

àlàyé arìnrìn àjò

пляж

òkun

крэдытная картка

káàdì arópò owó

сняданне

oúnję àárọ̀

абед

oúnję ọ̀sán

вячэра

oúnję alẹ́

праязны білет

tikẹti

ліфт

ìgbésókè

паштовая марка

èdìdí

мяжа

àlà

мытня

àwọn àṣà

пасольства

ibi iwé ìrìnà

віза

fisa

пашпарт

iwé ìrìnà

падарожжа – ìrìn àjò

транспарт
ọkọ̀

самалёт
ọkọ̀ òfurufú

карабель
ọkọ̀ ojú omi

пажарная машына
ẹ̀rọ ináná

аўтобус
ọkọ̀ èrò

грузавік
tanlẹsẹ

маторная лодка
ọkọ̀ omi

ровар
kẹ̀kẹ́

аўтамабіль
ọkọ̀ ayọ́kẹ́lẹ́

паром
ọpán

лодка
ọpọ́n ojú omi

матацыкл
atapùrù

паліцэйская машына
ọkọ̀ ọlọ́pàá

гоначны аўтамабіль
ọkọ̀ ìsáré

арэндаваны аўтамабіль
ọkọ̀ yíyá

сумеснае карыстанне аўтамабілем

àpínlò o̩kò̩

эвакуатар

ìgbó̩kò̩

смеццявоз

o̩kò̩ dída ilẹ̀ nù

матор

manto

паліва

epo

запраўка

ilé epo

дарожны знак

àmì ìwakò̩

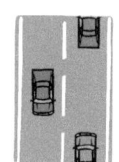

дарожны рух

ìwakò̩

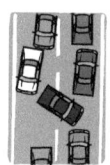

затор

súnkẹrẹ

паркоўка

ibi ìgbó̩kò̩sí

чыгуначная станцыя

ibùdókò̩ ojú irin

рэйкі

àwo̩n ò̩pópó

цягнік

o̩kò̩ ojú irin

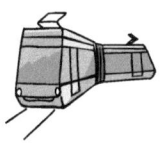

трамвай

o̩kò̩ ori ilẹ̀

вагон

ẹrù

транспарт - o̩kò̩

верталёт

ẹlikọputa

аэрапорт

ibùdókọ̀ òfurufú

вежа

òpó

пасажыр

èrò

кантэйнер

ibi ìpamọ́

кардонная скрыня

katun

тачка

apẹ̀rẹ̀

карзіна

agbòn

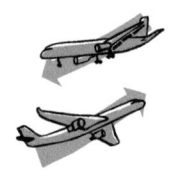

ўзлятаць / прызямляцца

gbéra / balẹ̀

горад
ìlú

вёска

abúlé

цэнтр горада

àárín ìlú

дом

ilé

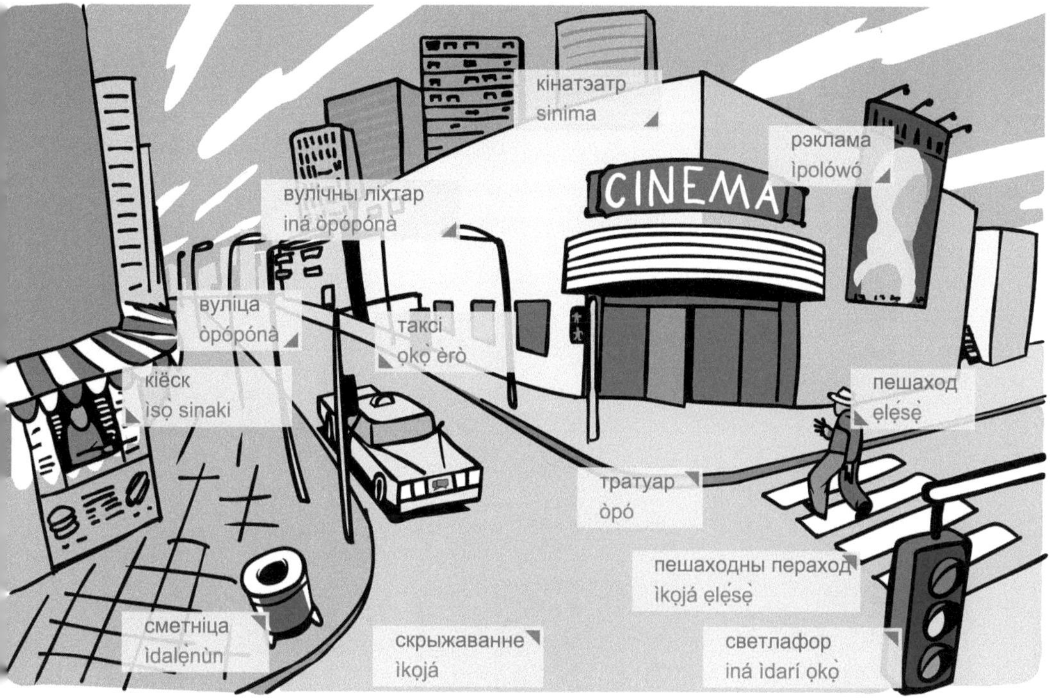

кінатэатр
sinima

рэклама
ìpolówó

вулічны ліхтар
iná òrópónà

вуліца
òrópónà

таксі
okò èrò

пешаход
ẹlẹ́sẹ̀

кіёск
ìsọ́ sinaki

тратуар
òrò

пешаходны пераход
ìkọjá ẹlẹ́sẹ̀

сметніца
ìdalẹ̀nùn

скрыжаванне
ìkọjá

светлафор
iná ìdarí okò

халупа
abà

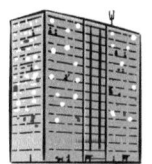

кватэра
filati

чыгуначная станцыя
ibùdókọ̀ ojú irin

ратуша
ojúde

музей
musiọmu

школа
ilé-ìwé

горад - ìlú

універсітэт
yunifasiti

банк
ilé ìfowópamọ́

шпіталь
ilé ìwòsàn

гатэль
ilé ìtura

аптэка
olùta ògùn

офіс
ọfisi

кнігарня
ìsọ̀ ìwé

крама
ìsọ̀

кветкавая крама
òdòdó

супермаркет
ibi ìtajà

кірмаш
ọjà

універмаг
ibi ẹka iṣẹ́

рыбная крама
ibi ẹja

гандлевы цэнтр
ibi ìrajà

порт
bèbè omi

горад - ìlú

парк
ibi ìgbafẹ́

лава
àga

мост
afárá

лесвіца
àgàsọ̀

метро
abẹ́ ilẹ̀

тунэль
ihò ilẹ̀

прыпынак
ibùdókọ̀

бар
ilé ọtí

рэстаран
ilé oúnjẹ

паштовая скрыня
àpótí ìfiwéránṣẹ́

вулічны паказальнік
àmì òpópónà

паркамат
mita ìgbọ́kọ̀sí

заапарк
ibi ẹranko

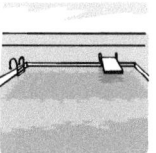

басейн
ibi ìwẹ̀

мячэць
mọ́sálásí

горад - ìlú

сядзіба — oko

забруджванне навакольнага асяроддзя — ìdọtí

могілкі — ibi ìsìnkú

царква — ilé ìjọsìn

пляцоўка для гульні — ibi ìṣeré

храм — tẹmpili

краявід
ẹlẹ́bùú

- ліст — ewé
- паказальнік — ajúwe
- дарога — ọ̀nà
- луг — ilẹ̀ koríko
- камень — òkúta
- дрэва — igi
- падарожнік — olùrìn
- рака — odò
- трава — kóríko
- кветка — òdòdó

даліна

kòtò

гара

òkè

возера

adágún omi

лес

aginjù

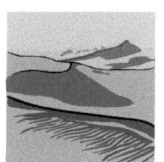

пустыня

aṣálẹ̀

вулкан

ilẹ̀ ríru

замак

ibùgbé

вясёлка

òṣùmàrè

грыб

esun

пальма

ọ̀pẹ

камар

ẹ̀fọn

муха

eṣinṣin

мурашка

kòkòrò

пчала

oyin

павук

alantakun

краявід - ẹlẹ́bùú

жук
làbọnlàbọn

жаба
ọ̀pọ̀lọ́

вавёрка
ọkẹ́rẹ́ ńlá

вожык
sẹsẹ

заяц
ọ̀kẹ́rẹ́

сава
òwiwí

птушка
ẹyẹ

лебедзь
pẹ́pẹ́yẹ ńlá

дзік
ẹlẹ́dẹ̀ igbó

алень
àgbọ̀nrín

лось
àgbọ̀nrín ńlá

плаціна
adágún

вятрак
ọ̀pá afẹ́fẹ́

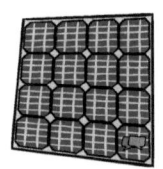

сонечная батарэя
panẹ́ẹ̀lì òrùn

клімат
ojú-ọjọ́

краявід - ẹlẹ́bùú

рэстаран
ilé oúnjẹ

- афіцыянт / agbóunjẹ
- меню / àkọsílẹ̀ oúnjẹ
- крэсла / àga
- суп / obẹ
- піца / pisa
- сталовыя прыборы / ọbẹ
- абрус / aṣọ tábìlì

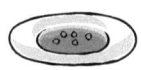

закуска
ìpanu

другая страва
oúnjẹ gangan

дэсерт
ìpanu lẹ́yin oúnjẹ

напоі
ohun mímu

ежа
oúnjẹ

бутэлька
ìgò

хуткае харчаванне (фаст-фуд)
oúnjẹ kíá

стрыт-фуд
oúnjẹ òpópónà

імбрык (чайнік)
abọ́ tii

цукарніца
abọ́ ṣúgà

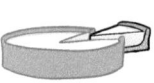

порцыя
ìpín

эспрэса-машына
ẹ̀rọ ẹsipirẹso

дзіцячае крэселка
àga gíga

рахунак
ináwó oṣoṣù

паднос
tire

нож
ọbẹ

відэлец
fọ́ọ̀kì

лыжка
ṣíbí

чайная лыжка
ṣíbí tii

сурвэтка
pépà ìnuwọ́

шклянка
gilasi

рэстаран - ilé oúnjẹ

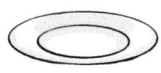
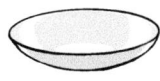

талерка
abọ́

супавая талерка
abọ́ obẹ̀

сподак
pẹlẹbẹ

соус
ọbẹ̀

сальніца
kòkò iyọ̀

млынок для перцу
ilọta

воцат
fẹniga

алей
òróró

спецыі
èròjà

кетчуп
kẹsọpu

гарчыца
mọsitadi

маянэз
mayonesi

рэстаран - ilé oúnjẹ

супермаркет
ibi ìtajà

акцыя
`ẹ̀dínwó

пакупнік
oníbàárà

малочныя прадукты
wàrà

вазок
ọmọlanke

садавіна
èso

мясная крама

alápatà

хлебны магазін

beka

важыць

wọ̀n

гародніна

ewébẹ̀

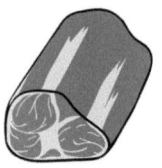

мяса

ẹran

свежазамарожаныя прадукты
oúnjẹ dídì

супермаркет - ibi ìtajà

нарэзка

ẹran tútù

кансервы

oúnjẹ agolo

пральны парашок

ọṣẹ ifọṣọ

прысмакі

àdindùn

хатнія прылады

àgbéjáde ẹbí

чысцячы сродак

ohun ìtọ́jú

прадавец

olùtajà

каса

tili

касір

akawó

спіс пакупак

àkójọ ìrajà

гадзіны працы

wákàtí ibẹ̀rẹ̀

бумажнік

ipamọ́

крэдытная картка

káàdì arọ́pò owó

сумка

báàgì

пакет

báàgì ọrá

супермаркет - ibi ìtajà

напоі
ohun mímu

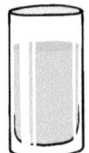

вада
omi

сок
omi èso

малако
wàrá

кола
koki

віно
waini

піва
bia

алкаголь
ọtí líle

какава
kòkó

гарбата (чай)
tii

кава
kọfí

эспрэса
ẹsipirẹso

капучына
kapusino

ежа
oúnję

банан
ògędę

яблык
apu

апельсін
ọsàn

дыня
ẹ̀gúsí

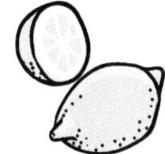

лімон
ọ̀ronbọ̀

морква
karọti

часнок
galiki

бамбук
ọparun

цыбуля
àlùbọ́sà

грыб
esun

арэхі
ẹ̀pà

локшына
nodu

спагеці
sipajẹti

рыс
irẹsi

салата
saladi

бульба фры
ipanu

смажаная бульба
ànàmọ́ díndín

піца
pisa

гамбургер
bọ́gà

бутэрброд
sanwiṣi

шніцаль
ẹran sísun

вяндліна
ẹsẹ̀ ẹlẹ́dẹ̀

салямі
salami

каўбаса
sọseji

курыца
ẹran ẹdìyẹ

смажаніна
sun

рыбак
eja

24 ежа - oúnjẹ

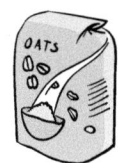

аўсяныя камякі
oti poreji

мюслі
museli

кукурузныя шматкі
confulakisi

мука
iyèfun

круасан
kirosanti

булачка
rolu búrẹdì

хлеб
burẹdi

тост
dín

пячэнне
bisikiti

масла
bọtà

тварог
kọdu

пірог
keki

яйка
ẹyin

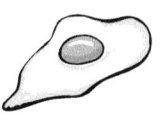

яечня
ẹyin díndín

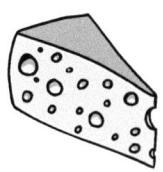

сыр
ṣiṣi

ежа - oúnjẹ

марожанае — aisi kirimu

цукар — ṣúgà

мёд — oyin

варэнне — jamu

нуга — àfira ṣokoleti

кары — kọri

ежа - oúnjẹ

сядзіба
oko

хата
ilé oko

цюк саломы
kóriko

хлеў
àká

поле
pápá

конь
àgbà ẹṣin

прычэп
rópróp

жарабя
ẹṣin

трактар
katakata

асёл
ẹṣin

авечка
àgùntàn

ягня
àgùntàn

каза
ewúrẹ́

карова
máàlù

цяля
ọdọ́ àgùntàn

свіння
ẹlẹ́dẹ̀

парася
ọmọ ẹlẹ́dẹ̀

бык
àgbò

гусак

ọmọ pẹ́pẹ́yẹ

качка

pẹ́pẹ́yẹ

кураня

ọmọ adìyẹ

курыца

adìyẹ

певень

àkùkọ

пацук

èkúté

кот

olóngbò

мыш

eku

вол

kẹtẹkẹtẹ

сабака

ajá

сабачая будка

ilé ajá

садовы шланг

ọ̀pá ọgbà

палівачка

abọ omi

каса

scythe

плуг

ọkọ̀ irúgbìn

сядзіба - oko

28

серп
abẹ oko

матыка
ọkọ́

вілы для гною
irinṣẹ́ kóriko

сякера
àáké

тачка
wilibaro

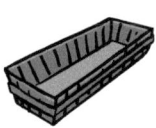

карыта
àgbá

бітон для малака
abọ́ wàrà

мех
àpò

плот
ògiri

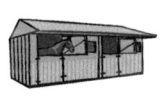

хлеў
pẹpẹ oko

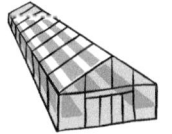

цяпліца
ibi ìdáko

глеба
ilẹ̀

насенне
irúgbìn

угнаенне
ajílẹ́

камбайн
àkópọ̀ olùkórè

сядзіба - oko

збіраць ураджай
ìkórè

ураджай
ìkórè

ямс
iṣu

пшаніца
bàbà

соя
soya

бульба
ànàmọ́

кукуруза
àgbàdo

рапс
irúgbìn rapu

садовае дрэва
igi èso

маніёк
ẹ̀gẹ́

збожжа
jéró

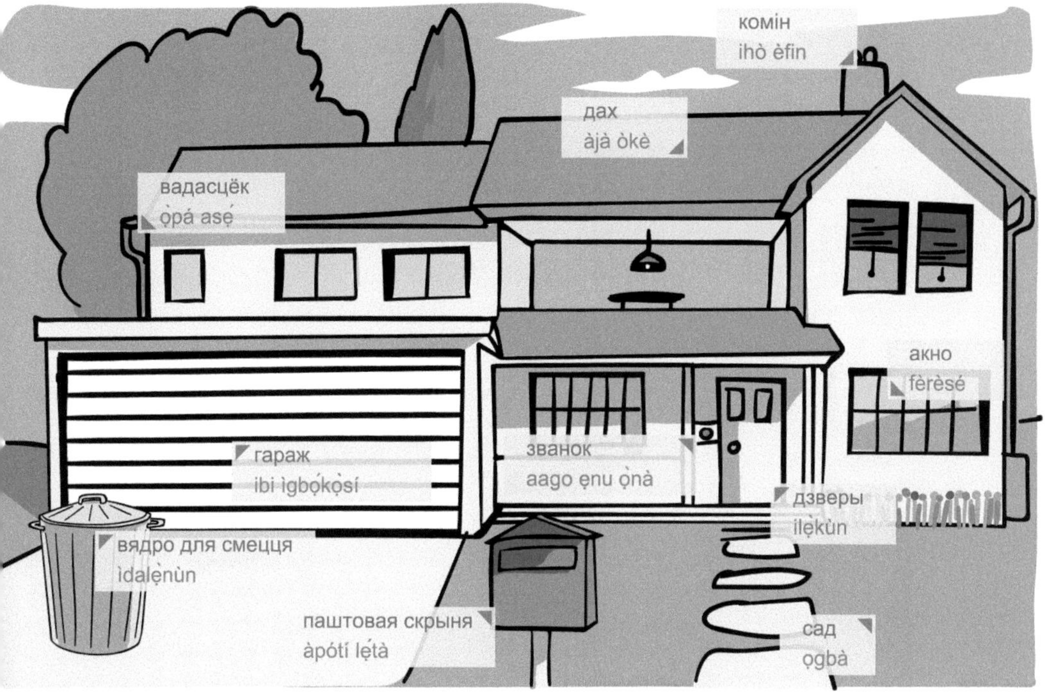

дом
ilé

- комін / ihò èfin
- дах / àjà òkè
- вадасцёк / ọ̀pá asẹ́
- акно / fèrèsé
- гараж / ibi igbọ́kọ̀sí
- званок / aago ẹnu ọ̀nà
- дзверы / ilẹ̀kùn
- вядро для смецця / ìdalẹ̀nùn
- паштовая скрыня / àpótí lẹ́tà
- сад / ọgbà

жылы пакой
yàrá ìgbé

ванная
ilé ìwẹ̀

кухня
ilé ìdáná

спальны пакой
yàrá ibùsùn

дзіцячы пакой
yàrá ọmọdé

сталоўка
yàrá ijẹun

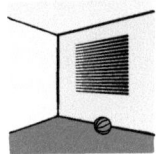

падлога
ilẹ̀

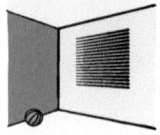

сцяна
ògiri ilé

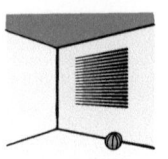

столь
àjà

падвал
sẹla

саўна
sauna

балкон
ọdẹ̀dẹ̀

тэраса
ọ̀nà

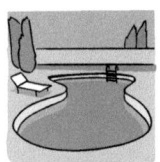

басейн
ibi ìwẹ̀

касілка
ẹrọ ìgéko

падкоўдранік
ojú-ewé

коўдра
aṣọ orí ibùsùn

ложак
ibùsùn

венік
ọwọ̀

вядро
garawa

выключальнік
yípo

32   дом - ilé

жылы пакой
yàrá ìgbé

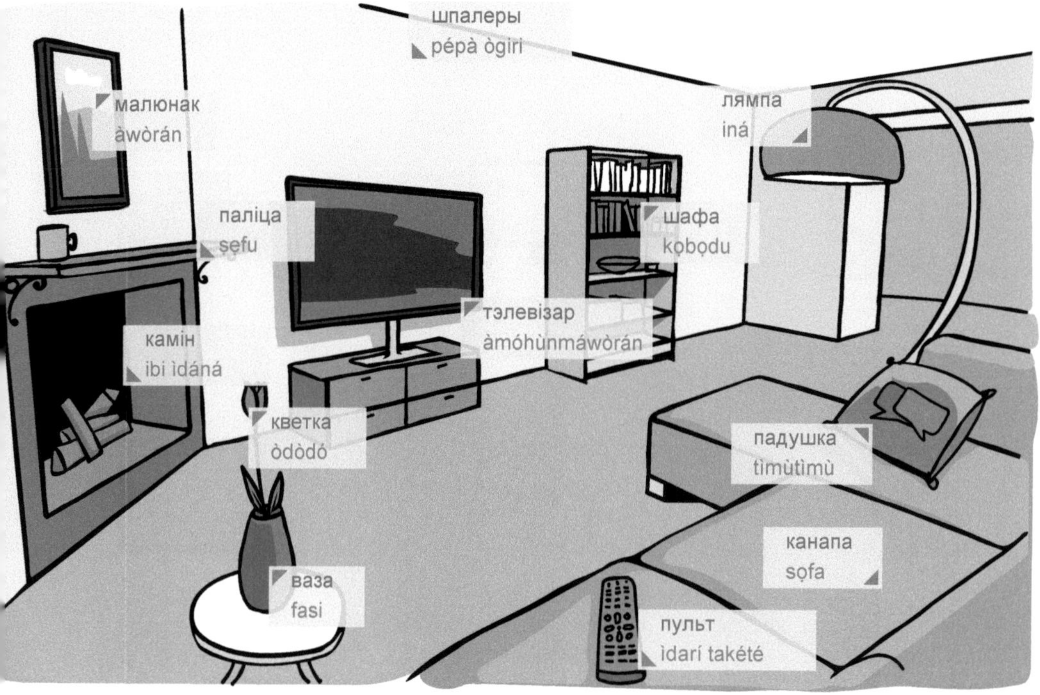

малюнак — àwòrán
шпалеры — pépà ògiri
лямпа — iná
паліца — sẹfu
шафа — kọbọdu
камін — ibi ìdáná
тэлевізар — àmóhùnmáwòrán
кветка — òdòdò
падушка — tìmùtìmù
ваза — fasi
канапа — sofa
пульт — ìdarí takété

дыван
kapẹti

фіранка
kọtini

стол
tábìlì

крэсла
àga

крэсла-качалка
àga amititi

крэсла
àga ọlọ́wọ́

кніга
iwé

коўдра
aṣọ ibora

дэкарацыя
ọ̀ṣọ́

дровы
igi idáná

кіно
fíìmù

стэрэасістэма
irinṣẹ́ hi-fi

ключ
kọ́kọ́rọ́

газета
iwé ìròyìn

карціна
kíkunlé

постар
àlẹ̀mọ́

радыё
redio

нататнік
ìkọwé

пыласос
ufa

кактус
kakitọsi

свечка
àbẹ́là

жылы пакой - yàrá ìgbé

кухня
ilé ìdáná

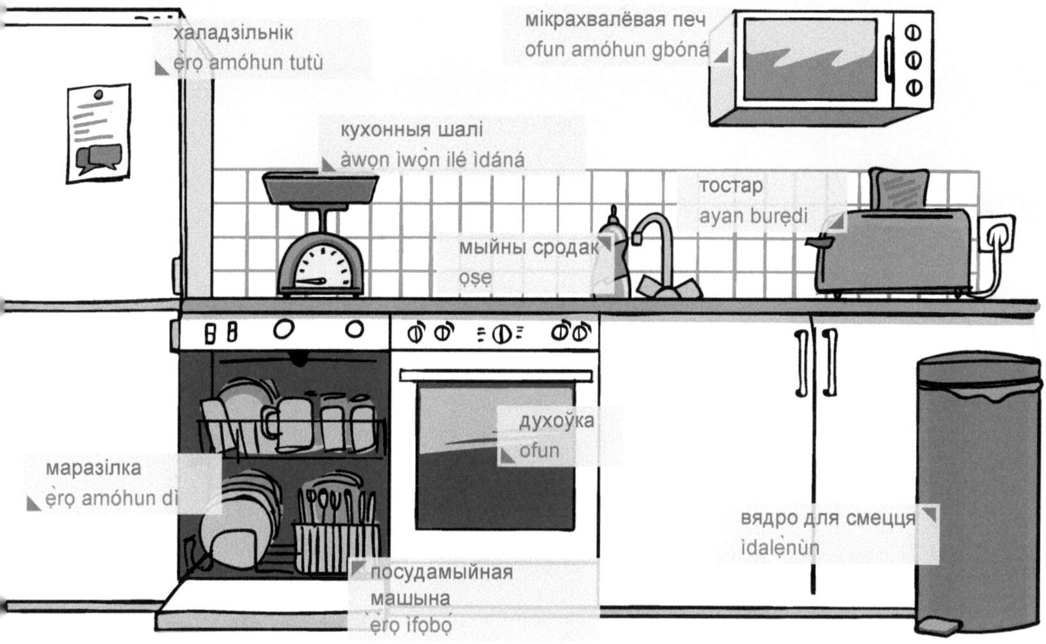

халадзільнік
ẹ̀rọ amóhun tutù

мікрахвалёвая печ
ofun amóhun gbóná

кухонныя шалі
àwọn ìwọ̀n ilé ìdáná

мыйны сродак
ọṣẹ

тостар
ayan burẹdi

маразілка
ẹ̀rọ amóhun dì

духоўка
ofun

вядро для смецця
ìdalẹ̀nùn

посудамыйная машына
ẹ̀rọ ifọbọ́

пліта

ìdáná

рондаль

ìṣasun

чыгунок

ìṣasun irin

Вок / кадаі

wok / kadai

патэльня

panu

чайнік

kẹturu

кухня - ilé ìdáná

параварка
amoru

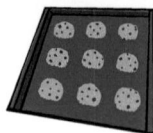

бляха
pẹpẹ ìdáná

посуд
dídáná

кубак
ife gilasi

міска
àdému

палачкі для ежы
igi ìjẹun

чарпак
ladu

лапатачка
ṣíbí kòtò

збівалка
wisiki

сіта для варэння
sitirena

сіта
asẹ́

тарка
gireta

ступка
odó

грыль
àsun

вогнішча
ibi ìdáná

кухня - ilé ìdáná

дошка
pẹpẹ gígé

качалка
igi ilọ̀

штопар
kọkisukuru

бляшанка
agolo

адкрывалка
olùṣí agolo

прыхваткі
àdìmú iṣasun

ракавіна
kòtò

шчотка
burọṣi

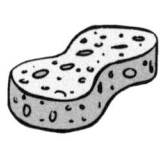

губка
kaninkanin

міксер
ẹrọ ìlọta

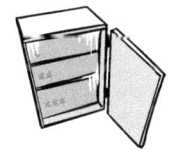

маразільная камера
ẹrọ amóhun di oníkòtò

бутэлечка
ohun ìjẹun ọmọdé

вадаправодны кран
ẹnu ẹrọ omi

кухня - ilé ìdáná

ванная
ilé ìwẹ̀

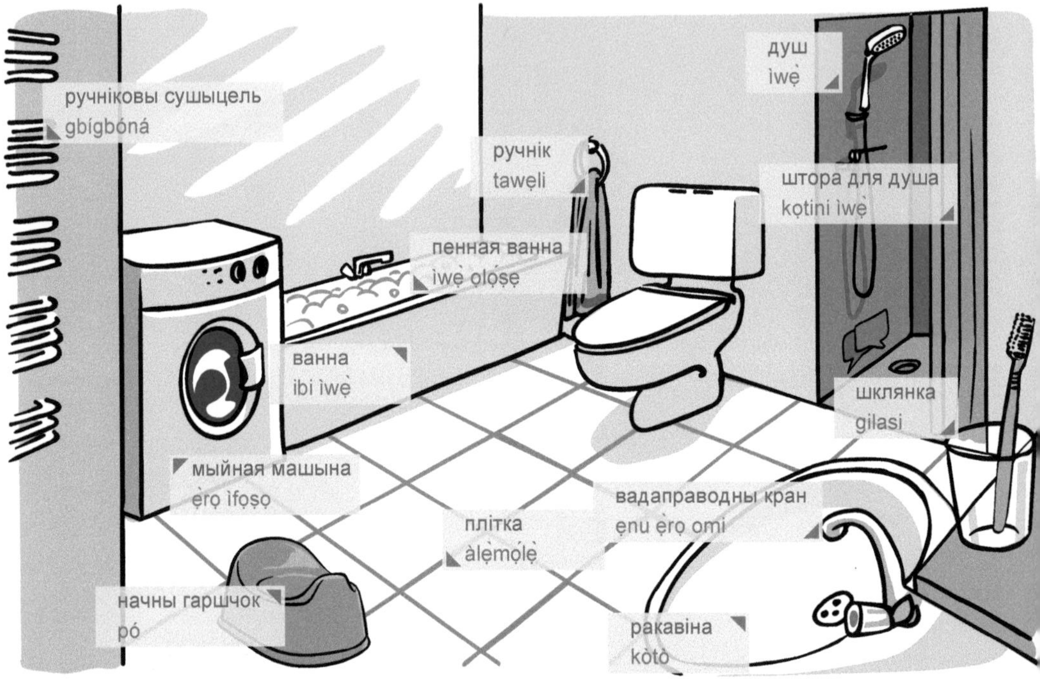

душ
iwẹ̀

ручніковы сушыцель
gbígbóná

ручнік
tawẹli

штора для душа
kọtini ìwẹ̀

пенная ванна
iwẹ̀ olọ́sẹ

ванна
ibi ìwẹ̀

шклянка
gilasi

мыйная машына
ẹrọ ìfọṣọ

плітка
àlẹmọ́lẹ̀

вадаправодны кран
ẹnu ẹrọ omi

начны гаршчок
pó

ракавіна
kòtò

туалет
ibi ìyàgbẹ́

падлогавы ўнітаз
ibi ṣálángá

бідэ
bidẹti

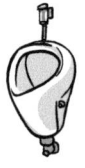

пісуар
títọ̀

туалетная папера
pépa ibi ìyàgbẹ́

шчотка для чысткі ўнітаза
burọṣi ibi ìyàgbẹ́

зубная шчотка

igi ifọnu

зубная паста

ọṣẹ ifọnu

зубная нітка

filọsi eyin

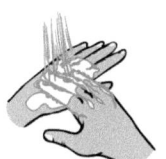

мыць

fọṣọ

ручны душ

ìwẹ̀ ọlọ́wọ́

інтымны душ

doṣi

умывальнік

basin

шчотка для спіны

burọṣi ẹ̀yìn

мыла

ọṣẹ

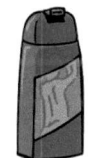

гель для душа

gẹli ìwẹ̀

шампунь

ọ̀ṣẹ irun

вяхотка

filanẹni

вадасцёк

sẹ́

крэм

ìpara

дэзадарант

olóòrùn dídùn

ванная - ilé ìwẹ̀

люстэрка
dingi

касметычнае люстэрка
díngi ọwọ́

станок для галення
abẹ

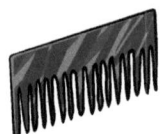

пена для галення
fomu ifárungbọ̀n

ласьён пасля галення
lẹ́yìn ifárungbọ̀n

грэбень
ìyarun

шчотка
burọ̀sì

фен
agbẹrun

лак для валасоў
ìparun

касметыка
ìmúra

памада
ìtọ́tè

лак для пазногцяў
fanisi èkaná

вата
òwú

манікюрныя нажніцы
sisọsi èkaná

духі
pafumu

ванная - ilé ìwẹ̀

касметычка

báàgì ìwẹ̀

табурэтка

àga

вагі

ìwọ̀n

лазневы халат

okùn ìwẹ̀

санітарныя пальчаткі

ìbọwọ́ rọbà

тампон

tampun

гігіенічныя пракладкі

ìnuwọ́

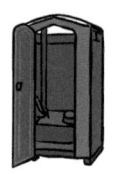

біятуалет

ṣálángá kẹmika

ванная - ilé ìwẹ̀

дзіцячы пакой
yàrá ọmọdé

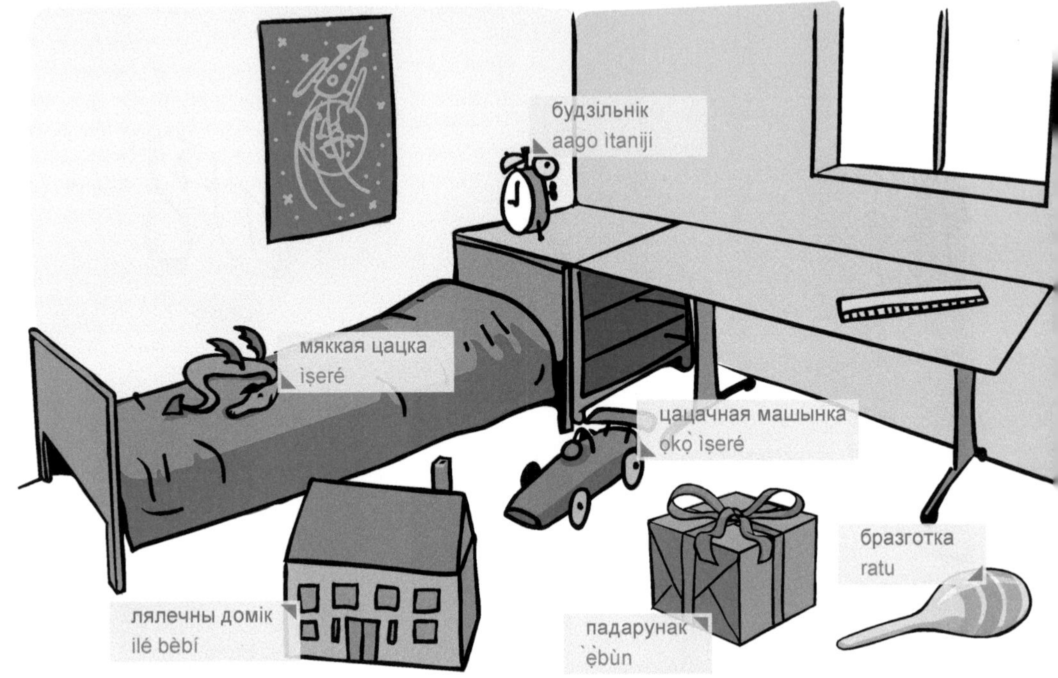

будзільнік
aago ìtaniji

мяккая цацка
ìṣeré

цацачная машынка
ọkọ̀ ìṣeré

бразготка
ratu

лялечны домік
ilé bèbí

падарунак
ẹ̀bùn

надзіманы шарык
fèrè

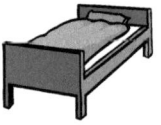

ложак
ibùsùn

дзіцячая каляска
ìgbọ́mọ

калода картаў
àpapọ̀ káàdì

пазл
ayùn

комікс
àwàdà

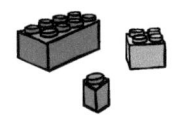

канструктар "Лега"
àwọn biriki

канструктар
ohun ìṣeré

экшэн-фігурка
figọ ìṣe

дзіцячы гарнітур
idàgbàsókè

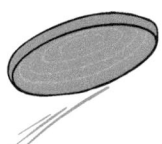

фрызбі
firisibi

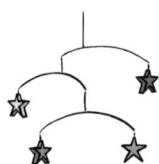

дзіцячы мабіль
alágbèéká

настольная гульня
eré pẹpẹ

кубік
daisi

дзіцячая чыгунка
àkópọ̀ ikọ́ni àwọṣe

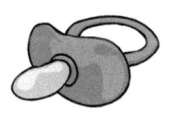

пустышка
dọmi

дзіцячае свята
ayẹyẹ

кніга з малюнкамі
ìwé àwòrán

мячык
bọ́ọ̀lù

лялька
bèbí

гуляцца
ṣeré

дзіцячы пакой - yàrá ọmọdé

пясочніца
kòtò yẹ̀pẹ̀

арэлі
jangilofa

цацкі
àwọn ịṣeré

гульнявая відэа прыстаўка
kọ́nsolu iṣeré fídíò

трохколавы ровар
ẹlẹ́sẹ̀ mẹ́ta

плюшавы мішка
bẹ́bí ọmọdé

шафа
ibi ìkaṣọsi

адзенне
aṣọ

шкарпэткі
sọkisi

панчохі
sitọkin

калготкі
ṣòkòtò

адзенне - aṣọ

бодзі	штаны	джынсы
ara	ṣòkòtò	kakí

спадніца	блузка	кашуля
sikẹti	bulausi	ṣẹti

джэмпер	талстоўка	блэйзер
dúró	ìbòrí	aṣọ òkè

куртка	паліто	дажджавік
aṣọ otútù	kotu	aṣọ òjò

касцюм	сукенка	вясельная сукенка
ìmúra	wọṣọ	aṣọ ìgbéyàwó

касцюм — sutu

начная сарочка — aṣọ àwọ̀sùn

піжама — pijama

сары — sari

хустка — gèlè

цюрбан — tọbanu

паранджа — bọka

каптан — kafitani

Абая — abaya

купальнік — aṣọ iwẹdò

плаўкі — aṣọ àwọ̀sókè

шорты — penpe

спартыўны касцюм — kotu

фартух — aṣọ ìdáná

пальчаткі — ibọ̀wọ́

адзенне - aṣọ

47

гузік
bọ̀tìnnì

акуляры
awò

бранзалет
ẹ̀gbà ọwọ́

каралі
ẹgbà ọrùn

кальцо
òrùka

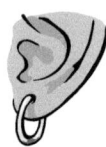

завушніца
gbìgbọ́

кепка
filà

вешалка
ìkọ́ kotu

капялюш
àkẹtẹ̀

гальштук
tai

маланка
sipu

шлем
koto

падцяжкі
bịresi

школьная форма
aṣọ ilé-ìwé

уніформа
yunifọmu

адзенне - aṣọ

нагруднік
bibu

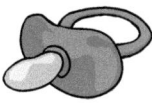
пустышка
dọmi

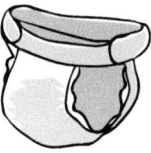
падгузнік
ìlédìí

офіс
ọfisi

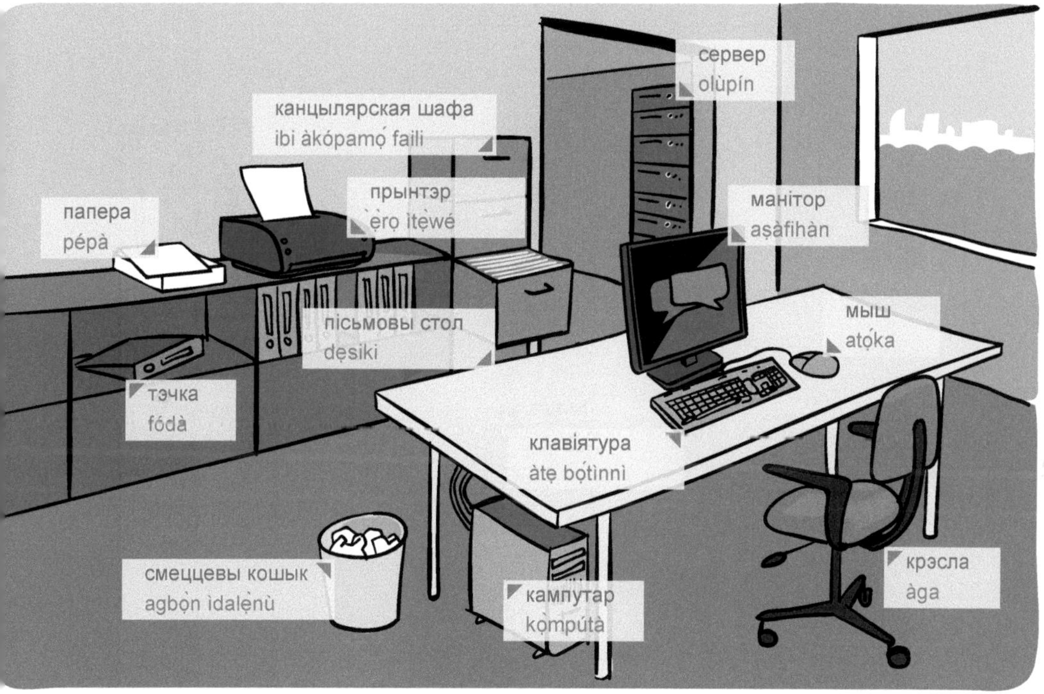

- сервер — olùpín
- канцылярская шафа — ibi àkópamọ́ faili
- прынтэр — ẹ̀rọ ìtẹwé
- манітор — aṣàfihàn
- папера — pépà
- пісьмовы стол — dẹsiki
- мыш — atọ́ka
- тэчка — fódà
- клавіятура — àtẹ bọ́tìnnì
- смеццевы кошык — agbọ̀n ìdalẹ̀nù
- кампутар — kọmpútà
- крэсла — àga

кубак для кавы (філіжанка)
ife kọfí

калькулятар
ẹ̀rọ ìṣirọ̀

інтэрнэт
ayélujára

ноўтбук
kọmpútà àgbélétan

ліст
lẹ́tà

паведамленне
ìfiránṣẹ́

мабільны тэлефон
alágbèéká

сетка
nẹ́tíwọ̀kì

ксеракс
ẹ̀rọ ẹdà

праграмнае забеспячэнне
sọftwia

тэлефон
ẹ̀rọ ìbánisọ̀rọ̀

разетка
ihò iná

факс
ẹ̀rọ fakisi

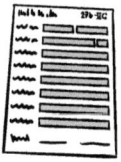

фармуляр
fọ́ọ̀mù

дакумент
ìwé àkọsílẹ̀

офіс - ọfisi

эканоміка
ọrọ ajé

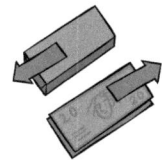
купляць
rà

плаціць
sanwó

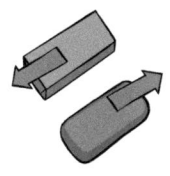
гандляваць
ṣòwò

грошы
owó

долар
dọla

еўра
yuro

ена
yẹni

рубель
rọbu

франк
Siwisi frans

кітайскі юань
renminbi yuan

рупія
rupi

банкамат
ibi owó

абменны пункт
ibi ìpàrọ̀ owó

золата
wúrà

срэбра
fàdákà

нафта
epo

энергія
agbára

цана
iye

кантракт
àdéhùn

падатак
owó orí

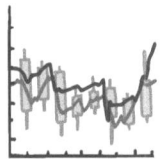

акцыя
ìpín ọjà

працаваць
ṣiṣẹ́

служачы
òṣìṣẹ́

працадаўца
agbani síṣẹ́

фабрыка
ilé iṣẹ́

крама
ìsọ̀

эканоміка - ọrọ̀ ajé

прафесіі
àwọn iṣẹ́ ààyò

паліцыянт
ọgá ọlọ́pàá

пажарны
panápaná

пілот
awakọ̀ òfurufú

кухар
adáná

доктар
dókítà

садоўнік
ológbà

слесар
gbẹ́nàgbẹ́nà

швачка
aránṣọ

суддзя
adájọ́

хімік
olóògùn

артыст
òṣèré

кіроўца аўтобуса
awakọ̀ èrò

таксіст
awakọ̀ èrò

рыбак
apẹja

прыбіральшчыца
omidan agbálẹ̀

страхар
kanlékanlé

афіцыянт
agbóunjẹ

паляўнічы
ọdẹ

мастак
akunlé

пекар
olùṣe ìyẹ̀fun

электрык
aṣàtúnṣe iná

будаўнік
akọ́lé

інжынер
amojú ẹ̀rọ

мяснік
alápatà

сантэхнік
pulọmba

паштальён
afiwé ránṣẹ́

прафесіі - àwọn iṣẹ́ ààyò

салдат
jagunjagun

архітэктар
ayàwòrán ilé

касір
akawó

фларыст
olódòdó

цырульнік
aṣerun lóge

кандуктар
adarí èrò

механік
aṣàtúnṣe ọkọ̀

капітан
adarí

стаматолаг
olùtọ́jú eyin

вучоны
onímọ̀ ijìnlẹ̀

рабін
olùkọ́ni

імам
imamu

манах
mọnki

святар
òjíṣẹ́ Olọ́run

прафесіі - àwọn iṣẹ́ ààyò

інструменты
àwọn irinṣẹ́

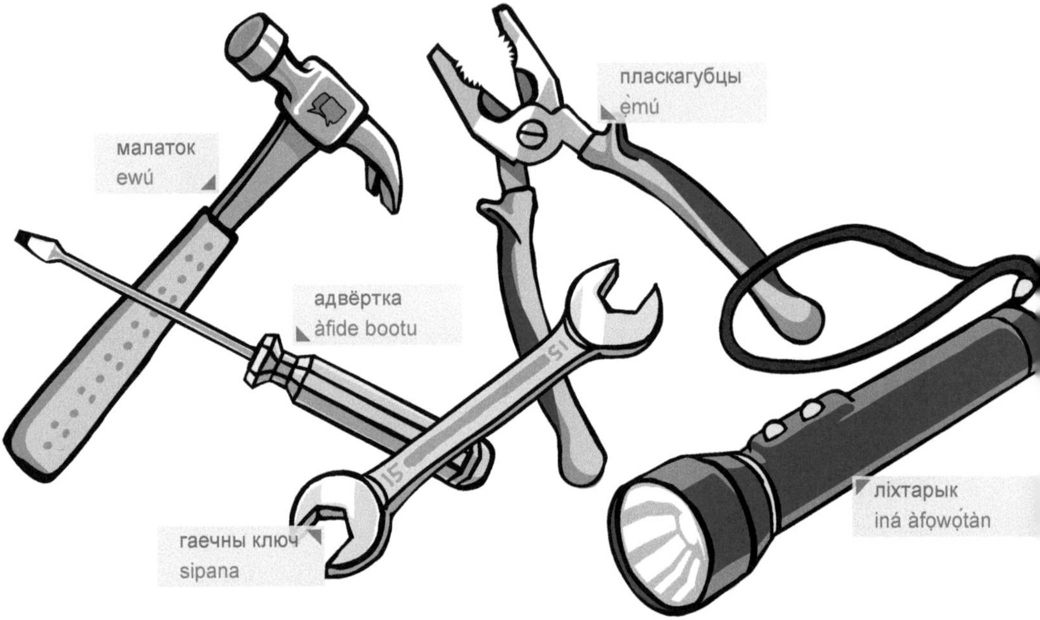

малаток
ewú

пласкагубцы
ẹ̀mú

адвёртка
àfide bootu

гаечны ключ
sipana

ліхтарык
iná àfowọ́tàn

экскаватар

jiga

скрыня для інструментаў

àpótí irinṣẹ́

дравіны

àgàsò

піла

ayùn

цвікі

èṣó

дрыль

ìlu

рамантаваць
túnṣe

рыдлеўка
sọ̀bìrì

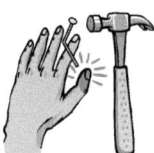

Халера!
Adágún!

шуфлік для смецця
igbá ìdọ̀tí

вядро з фарбаю
kòkò ọ̀dà

балты
bootu

музычныя інструменты
àwọn irinṣẹ́ orin

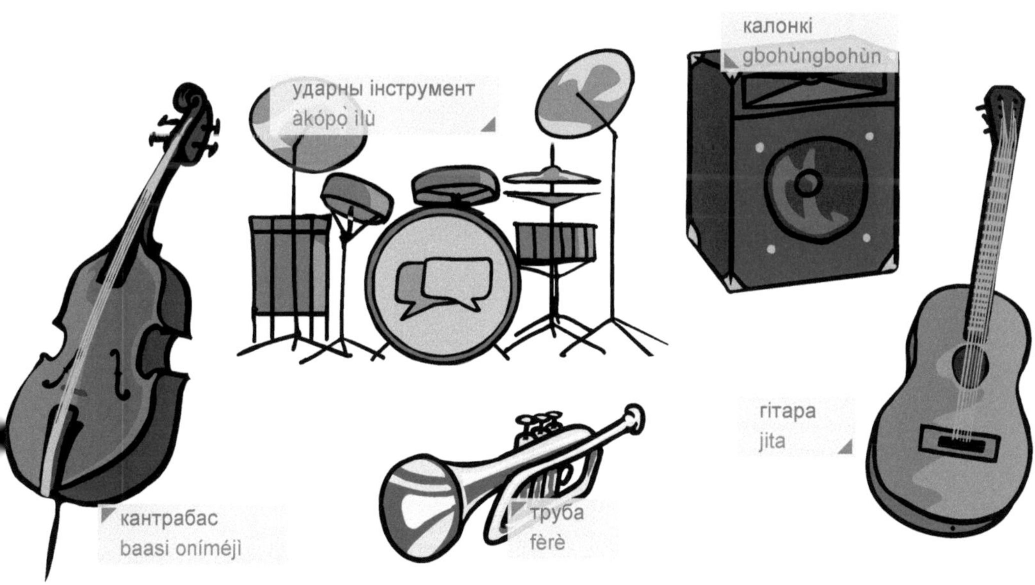

ударны інструмент
àkópọ̀ ìlù

калонкі
gbohùngbohùn

гітара
jita

кантрабас
baasi onímẹ̀jì

труба
fèrè

піяніна
dùrù

скрыпка
faolin

басгітара
baasi

літаўры
timpani

барабан
àwọn ìlù

клавішны электрамузычны інструмент
kiibọdu

саксафон
sasofonu

флейта
fèrè ìpè

мікрафон
ẹ̀rọ gbohùngbohùn

заапарк
ibi ẹranko

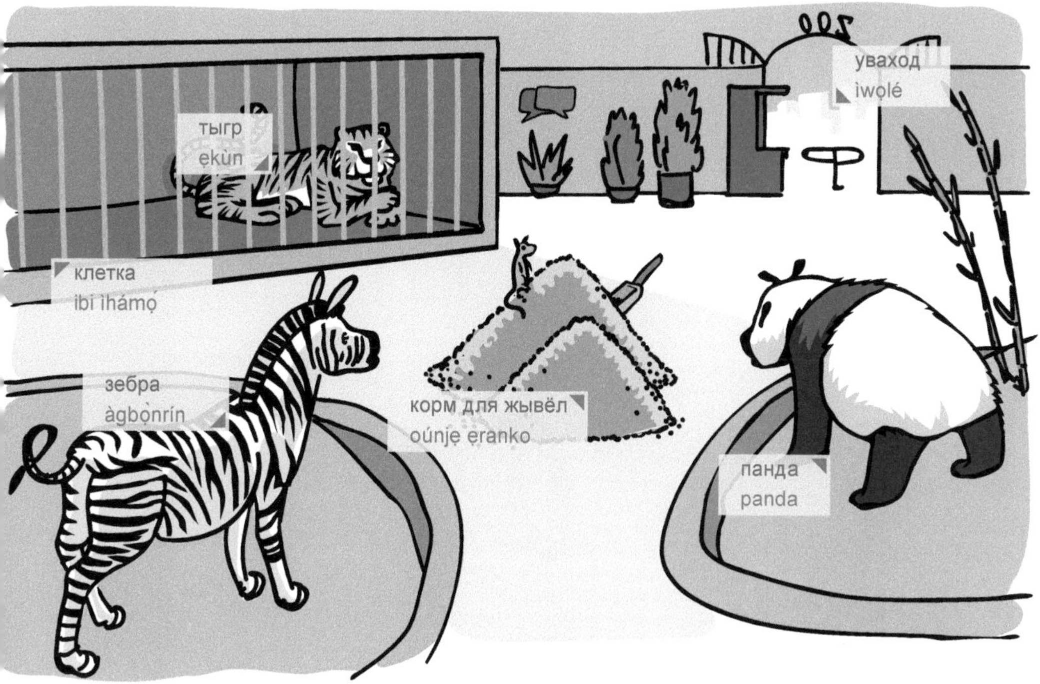

тыгр
ekùn

клетка
ibi ìhámọ́

зебра
àgbọ̀nrín

корм для жывёл
oúnjẹ ẹranko

уваход
iwọlé

панда
panda

жывёлы
àwọn ẹranko

слон
erin

кенгуру
kangaruu

насарог
raino

гарыла
ọ̀bọ lagido

мядзведзь
biari

вярблюд

kẹtẹkẹtẹ́

стравус

ẹyẹ agùnlọrùn

леў

kìnìún

малпа

ọbọ

фламінга

yọjayọja

папугай

ayékòótọ́

белы мядзведзь

biari omi

пінгвін

pinguin

акула

şaki

паўлін

ọ̀kín

змяя

ejò

кракадзіл

ọ̀nì

наглядчык заапарка

olùtọjú ibi ẹranko

цюлень

sili

ягуар

jagua

заапарк - ibi ẹranko

поні
poni

леапард
ẹkùn

бегемот
ẹran omi

жыраф
jirafi

арол
àṣá

дзік
ẹlẹ́dẹ́ igbó

рыбак
ẹja

чарапаха
ìjàpá

морж
wọrọsi

ліса
kọlọ̀kọlọ̀

газель
gasẹli

заапарк - ibi ẹranko

спорт
àwọn eré ìdárayá

амерыканскі футбол
Bọ́ọ̀lù àfẹsẹ̀gbá Amẹrika

веласпорт
kẹ̀kẹ́

тэніс
tẹnisi

баскетбол
bọ́ọ̀lù agbọ̀n

плаванне
iwẹ̀ odò

бокс
elẹ́sẹ̀ẹ́

хакей з шайбай
ọkì yìnyín

футбол
bọ́ọ̀lù àfẹsẹ̀gbá

бадмінтон
badmintin

лёгкая атлетыка
àwọn tí ń sáré

гандбол
bọ́ọ̀lù ọlọ́wọ́

горныя лыжы
eré orí yìnyín

пола
polo

62 спорт - àwọn eré ìdárayá

дзейнасць
àwọn iṣẹ́

скакаць
fò

смяяцца
rẹ́rìín

абдымаць
dìmọ́

ісці
rìn

спяваць
kọrin

марыць
àlá

маліцца
gbàdúrà

цалаваць
fẹnukò

пісаць
kọ̀wé

маляваць
yàwòrán

паказваць
fihàn

націснуць
tì

даваць
funni

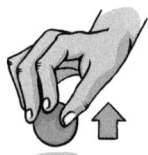

браць
mú

маць
ní

выконваць
ṣe

быць
jẹ́

стаяць
dúró

бегчы
sáré

цягнуць
fà

кідаць
jù

падаць
ṣubú

ляжаць
parọ́

чакаць
dúró

насіць
gbé

сядзець
jókòó

апранацца
múra

спаць
sùn

прачынацца
jí

дзейнасць - àwọn iṣẹ́

глядзець

wo

плакаць

kígbe

лашчыць

ọ̀pá

прычэсвацца

ìlarun

гаварыць

sọ̀rọ̀

разумець

lóye

пытаць

bèrè

чуць

tẹ́tí

піць

omi

есці

jẹun

прыбіраць

palẹ̀mọ́

кахаць

ìfẹ́

гатаваць

dáná

ехаць

wakọ̀

лятаць

fò

дзейнасць - àwọn iṣẹ́

плаваць пад ветразем
ìgbín

лічыць
ṣírò

чытаць
kàwé

вучыць
kọ́

працаваць
ṣiṣẹ́

уступаць у шлюб
gbéyàwó

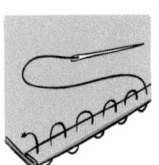
шыць
ránṣọ

чысціць зубы
fọ eyín

забіваць
pa

курыць
mu sìgá

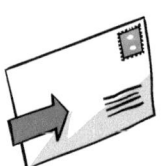
пасылаць
firánṣẹ́

дзейнасць - àwọn iṣẹ́

сям'я
ẹbí

бабуля
ìyá ńlá

дзядуля
bàbá ńlá

бацька
bàbá

маці
ìyá

дзіця
ọmọdé

дачка
ọmọbìnrin

сын
ọmọkùnrin

госць
àlejò

цётка
àbúrò ìyá

дзядзька
àbúrò bàbá

брат
arákùnrin

сястра
arábìnrin

цела
ara

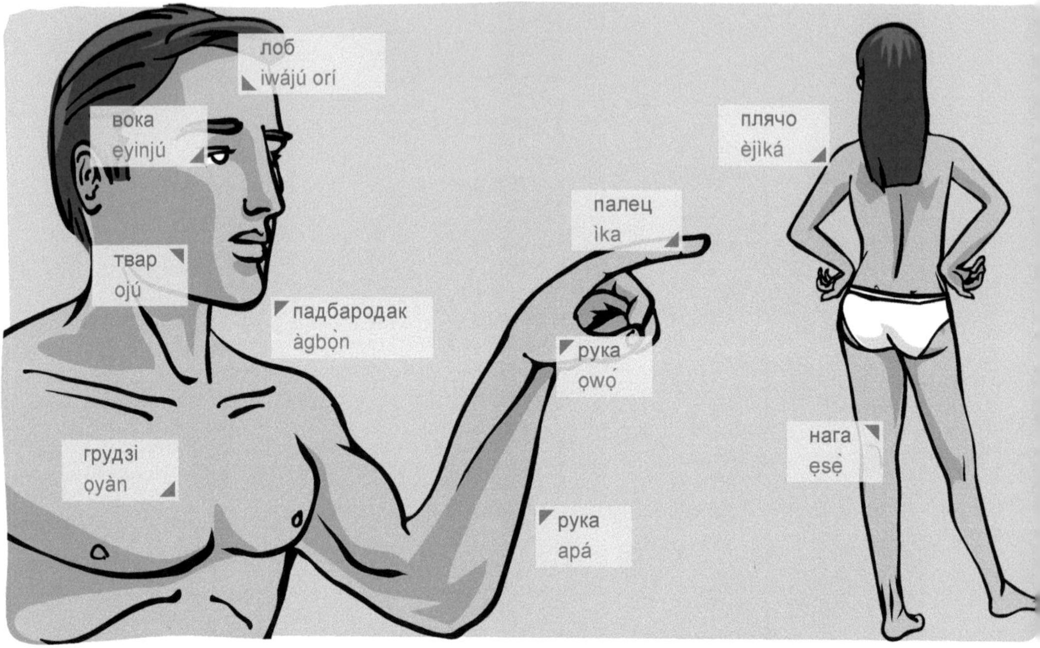

лоб
iwájú orí

вока
ẹyinjú

плячо
èjìká

палец
ìka

твар
ojú

падбародак
àgbọ̀n

рука
ọwọ́

грудзі
ọyàn

нага
ẹsẹ̀

рука
apá

дзіця
ọmọdé

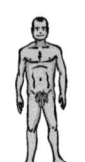

мужчына
ọkùnrin àgbà

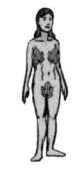

жанчына
obìnrin àgbà

дзяўчынка
obìnrin

хлопчык
ọkùnrin

галава
orí

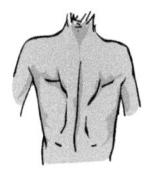

спіна
ẹ̀yin

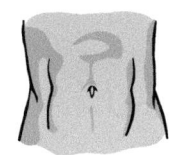

жывот
inú

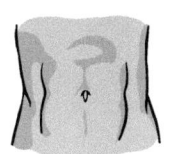

пуп
ìdodo

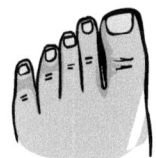

палец нагі
ika ẹsẹ̀

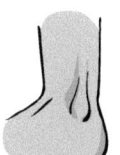

пятка
ẹ̀yin ẹsẹ̀

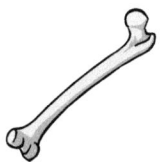

костка
egungun

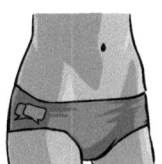

бядро
ìbàdí

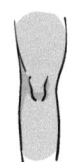

калена
orúnkún

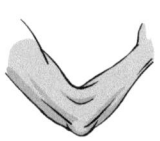

локаць
ìgúpá

нос
imú

ягадзіца
ìdí

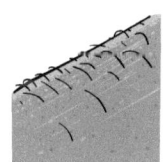

скура
awọ

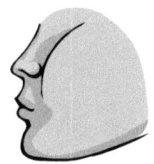

шчака
ẹ̀rẹ̀kẹ́

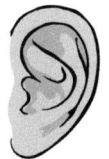

вуха
etí

губа
ètè

цела - ara

рот
ẹnu

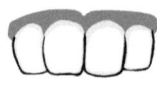

зуб
eyín

язык
ahọ́n

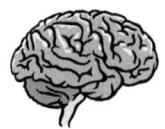

галаўны мозг
ọpọlọ

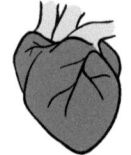

сэрца
ọkàn

мышца
iṣan

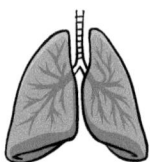

лёгкае
ìfun

пячонка
ẹ̀dọ̀

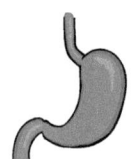

страўнік
ikùn

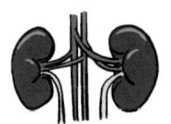

ныркі
kíndìrín

сэкс
ìbálòpọ̀

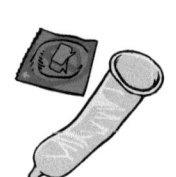

прэзерватыў
rọ́bà àbò

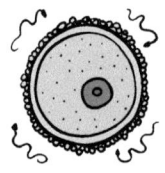

яйцаклетка
ofumu

сперма
àtọ̀

цяжарнасць
oyún

цела - ara

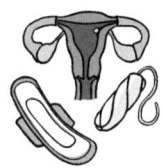

менструацыя

ǹkan oṣù

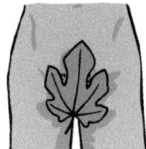

похва

òbò

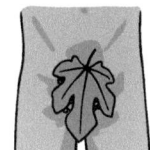

пеніс

okó

брыво

ìpénpéjú

валасы

irun

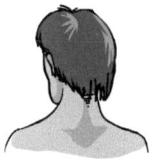

шыя

ọrùn

шпіталь
ilé ìwòsàn

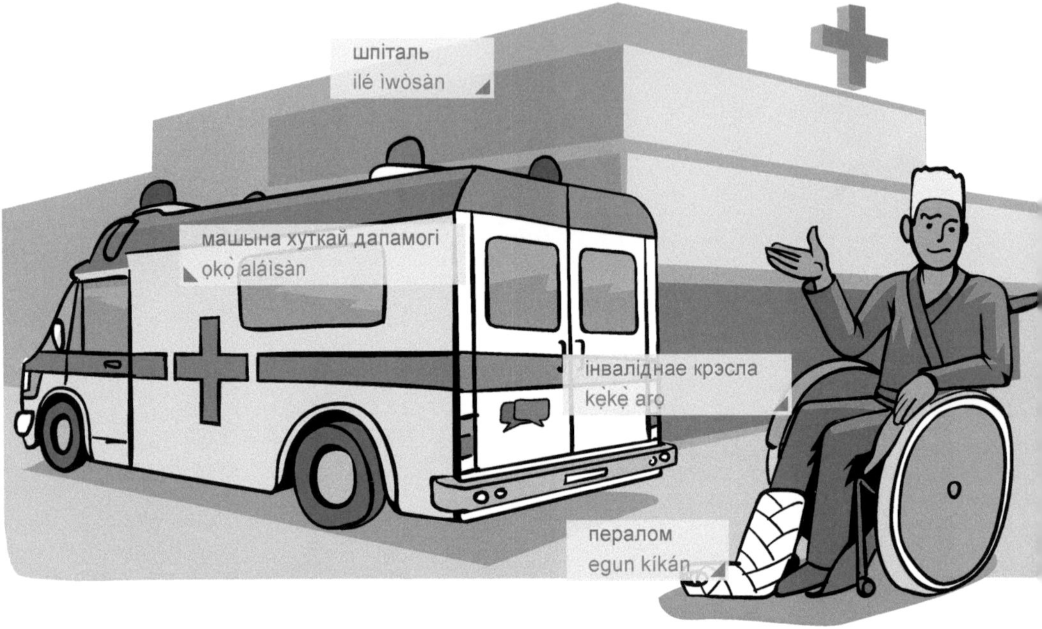

шпіталь
ilé ìwòsàn

машына хуткай дапамогі
ọkọ̀ aláìsàn

інвалідная крэсла
kẹkẹ́ arọ

пералом
egun kíkán

доктар
dókítà

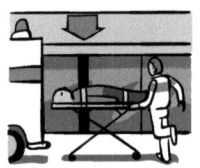

аддзяленне першай дапамогі
yàrá pàjáwìrì

медсястра
nọ́ọ̀sì

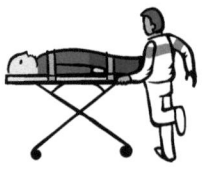

экстраная дапамога
pàjáwìrì

непрытомны
dákú

боль
ìrora

траўма
egbò

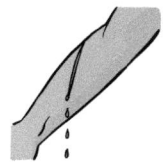

крывацёк
ẹ̀jẹ̀ dídà

інфаркт
àìsàn ọkàn

апаплексія
rọpárọsẹ̀

алергія
àlébù ògùn

кашаль
ikọ́

гарачка
ibà

грып
ọfinkin

панос
ìgbẹ́ gburu

галаўны боль
ẹ̀fọ́rí

рак
jẹjẹrẹ

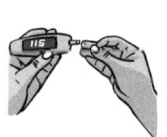

дыябет
ìtọ̀ ṣúgà

хірург
alábẹ

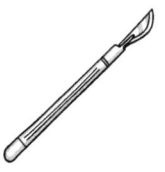

скальпель
abẹfẹ́lẹ́

аперацыя
iṣẹ́ abẹ

шпіталь - ilé ìwòsàn

КТ
CT

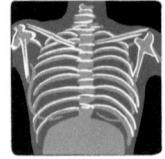

рэнтген
x-ray

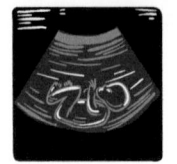

ультрагук
ọtirasandi

маска
aṣọ ìbòjú

хвароба
àrùn

пачакальня
yàrá ìdúró

мыліца
ọ̀pá

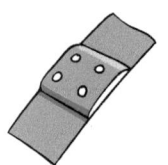

пластыр
àlẹ̀mọ́

бінт
aṣọ àfiwé

ін'екцыя
abẹ́rẹ́

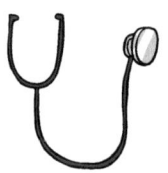

стэтаскоп
àyẹ̀wò èémì

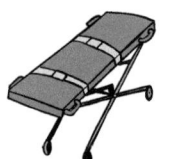

насілкі
àtẹ aláìsàn

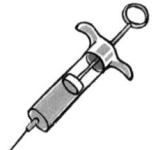

градуснік
ẹ̀rọ iwọ̀n oru ilé ìwòsàn

нараджэнне
ibí

лішняя вага
ìsanrajù

шпіталь - ilé ìwòsàn

слухавы апарат

ẹrọ àfigbọ́rọ̀

дэзінфекцыйны сродак

apa kòkòrò

інфекцыя

àkóràn

вірус

kòkòrò

ВІЧ/СНІД

Àrùn HIV / AIDS

лекі

òògùn

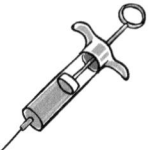

прышчэпка

àjẹsára

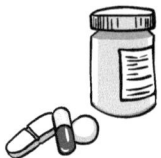

таблеткі

tabulẹti

супрацьзачаткавая таблетка

òògùn

экстраны выклік

ìpè pàjáwìrì

танометр

atọpinpin ẹ̀jẹ̀ ríru

хворы / здаровы

àìsàn / lera

шпіталь - ilé ìwòsàn

экстраная дапамога
pàjáwìrì

Ратуйце!
Ìrànlọ́wọ́!

сігналізацыя
ìtanìjì

напад
ìluni

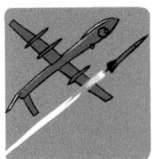

атака
ìdójukọ

небяспека
ewu

аварыйны выхад
ijáde pàjáwìrì

Пажар!
Iná!

вогнетушыцель
panápaná

аварыя
ìjàmbá

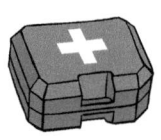

аптэчка
àpótí ìtọ́jú aláìsàn

СОС
SOS

паліцыя
ọlọ́pàá

Зямля
Ayé

Еўропа
Yuropu

Паўночная Амерыка
North Amerika

Паўднёвая Амерыка
South Amerika

Афрыка
Afirika

Азія
Esia

Аўстралія
Ọsirelia

Атлантычны акіян
Atlantic

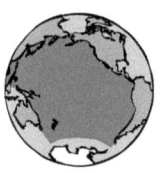

Ціхі акіян
Pacific

Індыйскі акіян
Indian Ocean

Паўднёвы ледавіты акіян
Antarctic Ocean

Паўночны ледавіты акіян
Arctic Ocean

Паўночны полюс
Òpó Ìlà Òrùn

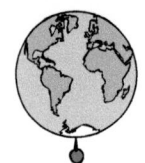  

Паўднёвы полюс — Òpó Ìwọ̀ Òrùn

Антарктыда — Antarctica

Зямля — Ayé

краіна — ilẹ̀

мора — òkun

востраў — erékùsù

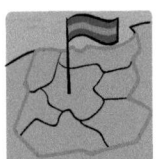 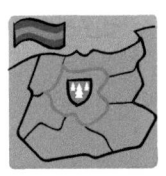

нацыя — orílẹ̀-èdè

дзяржава — ìpínlẹ̀

гадзіннік
aago

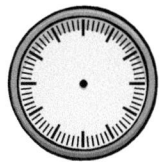

цыферблат
ojú aago

гадзінная стрэлка
ọwọ́ wákàtí

хвілінная стрэлка
ọwọ́ ìṣẹ́jú

секундная стрэлка
ọwọ́ ìṣẹ́jú ààyá

Колькі часу?
Kínni aago sọ?

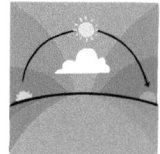

дзень
ojọ́

час
àkókò

зараз
báyìí

электронны гадзіннік
aago onínọmbà

хвіліна
ìṣẹ́jú

гадзіна
wákàtí

тыдзень
ọsẹ̀

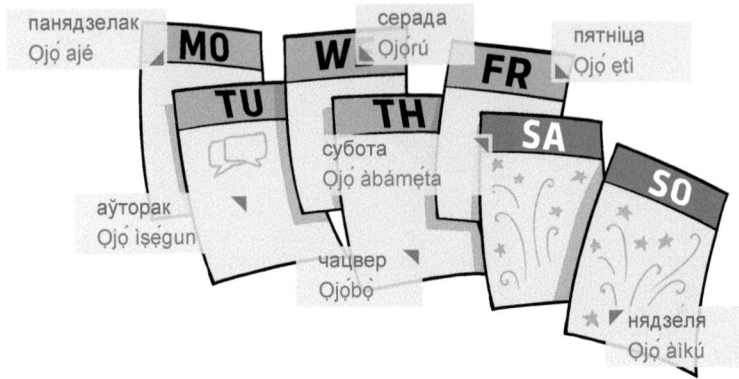

панядзелак — Ojọ́ ajé
аўторак — Ojọ́ ịṣẹ́gun
серада — Ojọ́rú
чацвер — Ojọbọ
пятніца — Ojọ́ ẹtì
субота — Ojọ́ àbámẹ́ta
нядзеля — Ojọ́ àìkú

ўчора

àná

сёння

òní

заўтра

ọ̀la

раніца

ààrọ̀

абед

ọ̀sán

вечар

ìrọ̀lẹ́

працоўныя дні

àwọn ojọ́ ịṣẹ́

выхадныя

ìparí ọsẹ̀

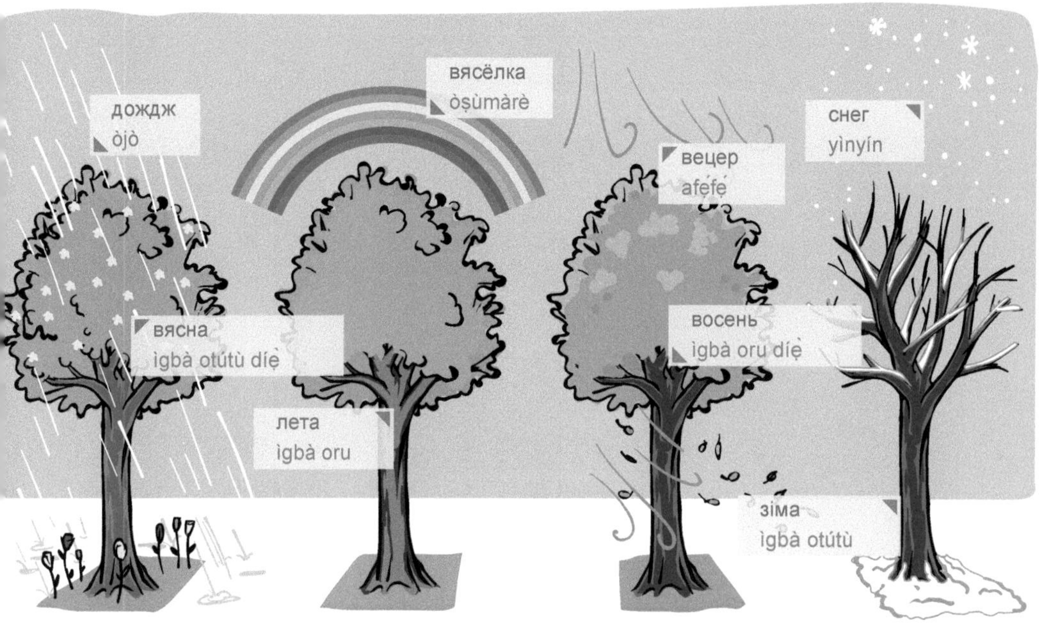

год
odún

дождж
òjò

вясёлка
òṣùmàrè

вецер
afẹ́fẹ́

снег
yìnyín

вясна
ìgbà otútù díẹ̀

лета
ìgbà oru

восень
ìgbà oru díẹ̀

зіма
ìgbà otútù

прагноз надвор'я
ìsọtẹ́lẹ̀ ojú-ojọ́

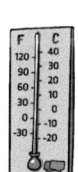

градуснік
ẹ̀rọ ìwọ̀n oru

сонечнае святло
ìtànsán òrùn

воблака
òfurufú

туман
òpọ̀lọ́

вільготнасць паветра
ọ̀gìnniti

маланка	гром	бура
iná	àrá	ìjì

 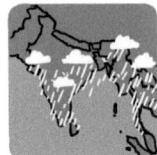 

град	мусонны вецер	прыліў
kùrukùru	afẹ́fẹ́	àgbàrá

лёд	студзень	люты
omi dídì	Oṣù kínní	Oṣù kejì

 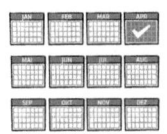 

сакавік	красавік	май
Oṣù kẹẹ̀ta	Oṣù kẹẹ́rin	Oṣù kaàrún

 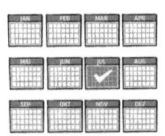 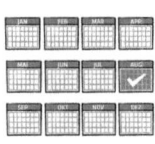

чэрвень	ліпень	жнівень
Oṣù kẹfà	Oṣù keèje	Oṣù keẹ̀jọ

год - ọdún

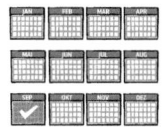

верасень

Oṣù kẹẹ̀sán

кастрычнік

Oṣù keẹ̀wá

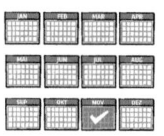

лістапад

Oṣù kọkànlá

снежань

Oṣù kejìlá

формы
àwọn ìrísí

круг

róbótó

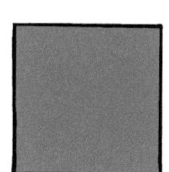

квадрат

onígun mẹ́rin dọ́gba dọ́gba

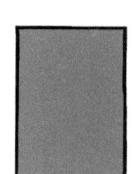

прамавугольнік

onígun mẹ́rin

трохвугольнік

onígun mẹ́ta

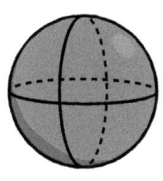

шар

sifia

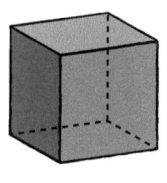

куб

kubu

колеры
àwọn àwọ̀

белы
funfun

жоўты
yẹlo

аранжавы
olómi ọsàn

ружовы
pinki

чырвоны
pupa

фіялетавы
pọpu

сіні
bulu

зялёны
aláwọ̀ ewé

карычневы
buranu

шэры
rẹ́súrẹ́sú

чорны
dúdú

супрацьлегласці
òdì

шмат / мала

ọpọ̀ / níwọ̀nba

злы / добры

bínnú / farabalẹ̀

прыгожы / брыдкі

rẹwà / òbùrẹwà

пачатак / канец

bíbẹ̀rẹ̀ / òpin

высокі / малы

ńlá / kékeré

светлы / цёмны

mọ́lẹ̀ / dúdú

сястра / брат

arákùnrin / arábìnrin

чысты / брудны

mímọ́ / dọ̀tí

поўны / няпоўны

parí / àiparí

дзень / ноч

ọjọ́ / alẹ́

мёртвы / жывы

kú / àyè

шырокі / вузкі

fẹ̀ / tínrín

ядомы / неядомы

jíję / àìlèję

злы / добры

ibi / dára

узбуджаны / нудны

dunnú / sísú

тоўсты / тонкі

tóbi / tínrín

першы / апошні

àkọ́kọ́ / ìgbẹ̀yìn

сябар / вораг

ọ̀rẹ́ / ọ̀tá

поўны / пусты

kún / ṣófo

цвёрды / мяккі

le / rọ̀

важкі / лёгкі

wúwo / fúyẹ́

голад / смага

ebi / òhùngbẹ

хворы / здаровы

àìsàn / lera

нелегальны / легальны

tàpá sófin / bá òfin mu

разумны / дурны

ọlọ́gbọ́n / òmùgọ̀

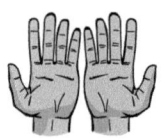

левы / правы

òsì / ọ̀tún

побач / далёка

tòsí / jìnnà

новы / былы ва ўжыванні
tuntun / àlòkù

нічога / нешта
àìsí nkan / níní nkan

стары / малады
arúgbó / ọ̀dọ́

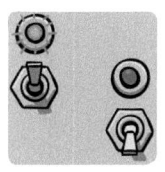
укл / выкл
tàn / kú

адчынены / зачынены
ṣí / padé

ціхі / гучны
dákẹ́ / pariwo

багаты / бедны
lọ́rọ̀ / tòsì

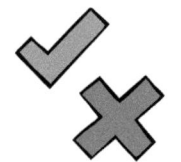
правільна / няправільна
tọ̀nà / àìtọ̀nà

шурпаты / гладкі
àìdán / dán

сумны / шчаслівы
banújẹ́ / dunú

кароткі / доўгі
kúrú / gùn

павольны / хуткі
lọ́ra / yára

вільготны / сухі
tutù / gbẹ

цёплы / халаднаваты
lọ́wọ́rọ́ / otútù

вайна / мір
ogun / àlàfíà

супрацьлегласці - òdì

лічбы
nọ́mbà

0 нуль — òdo

1 адзін — méní

2 два — méjì

3 тры — mẹ́ta

4 чатыры — mẹ́rin

5 пяць — márùún

6 шэсць — mẹ́fà

7 сем — méje

8 восем — mẹ́jọ

9 дзевяць — mẹ́sàán

10 дзесяць — mẹ́wàá

11 адзінаццаць — mọ́kànlá

12
дванаццаць
méjilá

13
трынаццаць
mẹ́tàlá

14
чатырнаццаць
mẹ́rìnlà

15
пятнаццаць
mẹdogun

16
шаснаццаць
marundinlógún

17
сямнаццаць
mẹ̀tàdínlógún

18
васямнаццаць
méjidínlógún

19
дзевятнаццаць
mọ́kàndínlógún

20
дваццаць
ogún

100
сто
ogórùún

1.000
тысяча
ẹgbẹrún

1.000.000
мільён
miliọnu

лічбы - nọ́mbà

МОВЫ
àwọn èdè

англійская

Gẹ̀ẹ́sì

англійская (Амерыка)

Gẹ̀ẹ́sì Ilẹ̀ Amẹ́ríkà

кітайская мандарынская

Mandarini Ṣaina

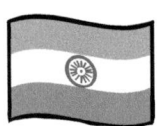

хіндзі

Hindi

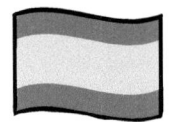

іспанская

Sipaniṣi

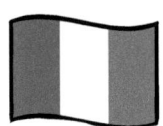

французская

Faransé

арабская

Lárúbáwá

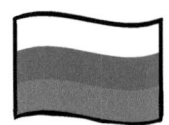

руская

Rọṣia

партугальская

Pọtugi

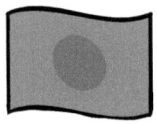

бенгальская

Bẹngali

нямецкая

Jamani

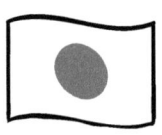

японская

Japanisi

хто / што / як
tani / kínni / báwo

я
Èmi

ты
ìwọ

ён / яна / яно
ọkùnrin / obìnrin / nkan

мы
àwa

вы
ìwọ

яны
àwọn

хто?
tani?

што?
kínni?

як?
báwo?

дзе?
níbo?

калі?
nígbà wo?

імя
orúkọ

дзе / níbo

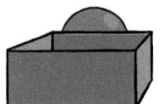

за
lẹ́yìn

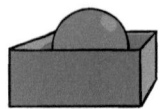

у
inú

перад
níwájú

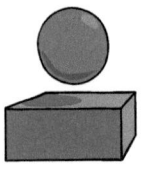

над
lókè

на
lórí

пад
lábẹ́

каля
lẹ́gbẹ́ẹ́

паміж
láàrín

месца
ibi